Ser pirata es una lata

José J. Martínez

Ser pirata es una lata

José J. Martínez

Primera edición: febrero, 2026

Título original: Ser pirata es una lata

Editorial Rapitbook SL, 2026
info@rapitbook.com
www.rapitbook.com

ISBN: 978- 84-10484-50-4

Autor: José J. Martínez

Imagen de cubierta: Cristian Recio

Ilustraciones interior: Lucía Martínez y Alejandro Martínez

Edición: Andrés Cárdenas

Impresión y encuadernación: Impresrapit SL.
www.impresrapit.com

Este libro ha sido editado con mimo y magia en los talleres de Rapitbook,
donde los relojes corren hacia atrás y el Conejo Blanco cuida los derechos de autor.

Impreso en España - *Printed in Spain*

A mis hijos José, Lucía y Alejandro.

Y a mí madre Paquita, que le habría encantado leerlo.

Índice

Prólogo

Lo que empezó como una sorpresa para la clase de segundo de primaria de mi hijo, al final se ha convertido en esta aventura de piratas.

Se me ocurrió escribir una pequeña historia en la que todos los niños de la clase aparecieran y se sintieran importantes. Una vez escrita, fuimos mi mujer y yo disfrazados de piratas al colegio y nos presentamos en la clase sin avisar. Sus caras al vernos, sobre todo la de nuestro hijo, eran de sorpresa y expectación. No sabían qué estaba pasando. Les leí el primer capítulo y nos lo pasamos genial, tanto que seguí con la historia y volvimos a ir al año siguiente. Cuando nos vieron aparecer, todos gritaron de alegría y eso me caló muy hondo.

Me encanta ver felices a los niños y sacarlos de su rutina de vez en cuando. Es una lástima que se pierda esa inocencia, a menudo, demasiado pronto.

Gracias a todos los que me habéis animado con este pequeño proyecto y, sobre todo, a los pequeños piratas que cada día pelean para que en sus mentes triunfe el bien.

Ser pirata es una lata

Corría el año 1500 de Nuestro Señor, y los viajes a las Américas seguían creciendo. El navegante conocido como Cristóbal Colón había partido el verano de ese mismo año, en el que sería su último viaje, rumbo a las Américas, pero igual que crecía el número de barcos comerciales, también aumentaba el número de piratas que los atacaban.

Estos sabían muy bien que cuando los barcos mercantes regresaban del nuevo continente, lo hacían cargados de riquezas.

Había barcos piratas de muchos países surcando el océano Atlántico, pero dos de ellos eran los más temidos. Dos carabelas españolas, la Santo Tomás, con una tripulación de trece jóvenes y aguerridos piratas, y la Santa Teresa, con una tripulación de doce guerreras temibles también.

Sus Majestades la reina Isabel I de Castilla y el rey Fernando II de Aragón los habían convencido para que se hicieran corsarios.

Les habían hecho entrega de una Patente de Corso. Eso significaba que tenían permiso para atacar a otros barcos siempre que no fueran españoles.

Su misión era recuperar un cofre con documentos importantes para el reino.

Los piratas ingleses habían abordado un barco mercante que navegaba desde la costa gallega hacia el puerto de Cádiz, y se habían llevado todo lo que transportaba, hasta las fregonas.

El cofre contenía los planos de un invento que podría ayudar a los barcos en la navegación. Un inventor italiano lo había diseñado, pero no lo pudo construir por falta de medios y se lo vendió a un representante de la monarquía española.

* * *

Las dos carabelas se dirigían hacia las islas Azores, las cuales pertenecían al reino de Portugal, en busca del barco inglés. Era una galera muy veloz y disponía de muchos cañones.

El capitán Éric, de la Santo Tomás, al que conocían como *el Vikingo,* y la capitana Valeria, de la Santa Teresa, ordenaron izar todas las velas para aprovechar el viento.

Valeria era más conocida como *la Cobra,* porque era muy rápida y peligrosa en combate.

Hacía años que eran amigos. La capitana Valeria se topó con Éric en una taberna del puerto de Cádiz. Tres hombres lo tenían arrinconado y lo estaban amenazando con unas navajas. Valeria se dio cuenta de que eran unos abusones y no tardó en acudir en su ayuda. En lo que uno tarda en decir pío, les había cortado el cinturón a los tres y sus calzones descansaban en sus tobillos.

Cuando quisieron reaccionar, cayeron al suelo porque sus pies estaban atascados. Éric aprovechó para desarmarlos. Los ataron de pies y manos y los dejaron allí semidesnudos.

Entraron en la taberna y se comieron una chirimoya y un aguacate cada uno, mientras se contaban un poco su vida. Desde ese día fueron buenos amigos.

Unas veces pirateaban juntos y otras cada uno por su lado, pero siempre estaban en contacto.

Maikel *Ojos Claros,* que era el segundo al mando, le gritó al vigía que estaba en la cofa del palo mayor —Alejandro, ¿ves algún barco?

A Alejandro le decían *Vista de Águila* porque podía ver el culito de una mosca a una milla.

—No hay barco a la vista —contestó el vigía.

Entonces el capitán Éric le gritó al timonel:

—Guillem, pon rumbo noroeste.

Guillem, al que conocían como *Brazo Largo,* movió el pinzote, la palanca del timón, con cierta facilidad, porque tenía los brazos largos y fuertes. Te podía dar una torta a un metro de distancia sin moverse del sitio.

La Santa Teresa también cambió el rumbo, la capitana Valeria y su segunda al mando, Álex *Cabello de Fuego,* decidieron navegar a unos cincuenta metros de la Santo Tomás.

La llamaban *Cabello de Fuego,* porque cuando se enfadaba se ponía muy colorada y parecía que en cualquier momento su pelo saldría ardiendo.

—Timoneles —gritó *la Cobra*— rumbo noroeste.

Hacían falta dos al timón porque el barco era un poco más grande.

Entonces Miriam y Marysia, *Músculos de Hierro,* empujaron la palanca del timón y pusieron el barco junto al otro.

En el puesto de vigía estaba Paula *Vista de Elfo.*

—Ningún barco a la vista, capitana —vociferó Paula.

—Vale, pues baja que vamos a comer —le contestó Valeria.

Álex, por favor, dile a Ritaj que prepare la comida especial para la batalla que se avecina.

Ritaj, la cocinera, preparaba unos macarrones con guindillas picantes y anguilas eléctricas que cargaban de energía a todas las guerreras del barco.

—Alba, Emma y Mariana, dejad preparados los cañones de babor.

Ninsei, Jhulia y Triana, los de estribor, y luego todas a comer.

Todas contestaron a la vez —Enseguida, capitana.

Valeria hizo señas a la Santo Tomás y les dijo que iban a comer.

—¡Capitán! —gritó Alejandro desde arriba.

—La Santa Teresa, dicen que van a comer…

—Perfecto —dijo el capitán Éric.

—Maikel, diles a todos que vamos a comer, pero antes cargaremos las lombardas. No me fío de esos piratas ingleses.

—Enseguida, capitán —contestó Maikel.

—Atención, mis guerreros. Marc, por favor, prepara el cañón de proa. Dominik, Carlos, Abel y Danny, los de babor. Mohamed, Dídac, Daniel y Ciro, los de estribor. Cuando acabéis, venid a comer.

—¿Qué comeremos hoy? —gritaron algunos.

Zien era el cocinero, llevaba unos años embarcado en la Santo Tomás, desde que conoció a Éric en el mar de China.

Nunca decía lo que iba a cocinar hasta el último momento.

—Hoy comeremos comida, como cada día —contestó Zien, enfadado.

Los marineros le preguntaban a propósito para hacerle enfadar.

Al final comieron bacalao de Bilbao y después un postre de cacao.

Después de cenar, todos se fueron a dormir. Solo se quedó uno de guardia.

—Alejandro, tú harás la primera guardia, vigila bien que esto está demasiado tranquilo y me da mala espina —dijo el capitán Éric.

Alejandro se sentó en la proa del barco y se puso a charlar con unos delfines. Decía que se podía comunicar con los animales, pero nadie le creía. Los delfines le dijeron que había un pulpo gigante muy enfadado por la zona y que tuviera cuidado.

La noche pasó sin incidentes. Las dos tripulaciones pudieron descansar toda la noche, mecidos por el suave vaivén de las olas.

Al amanecer había mucha niebla y los capitanes despertaron a todos para que ocuparan sus puestos.

—Algo se oculta en la niebla —dijo Álex.

—Yo también lo noto —contestó la capitana Valeria. Las dos se llevaron la mano a la empuñadura de la espada, por si acaso.

De repente se vio un fogonazo, seguido de una explosión y una bola de cañón destrozó el timón. Menos mal que Miriam y Marysia aún no habían llegado a su puesto.

Otro cañonazo y el mascarón de proa saltó por los aires.

—Todas a sus puestos. Fuego, cañones de estribor.

Enseguida se escucharon cinco cañonazos, pero no sabían muy bien dónde estaba el otro barco. Todavía la niebla era muy densa, y no querían darle por error a la Santo Tomás.

Todo quedó en silencio. De pronto, en la niebla apareció una enorme sombra. El barco enemigo se acercaba hacia ellas con la intención de embestirlas y abordarlas.

Valeria les gritó —Agarraos a lo que podáis, nos van a abordar.

Un gran estruendo producido por el golpetazo del barco las dejó a todas un poco aturdidas.

Había restos de madera por toda la cubierta y el humo de los cañones no dejaba ver con claridad.

Se empezaron a escuchar gritos de guerra.

—¡Al abordaje! —gritaban unos enormes piratas, que por lo menos debían tener doce años.

Mientras tanto, la tripulación de la Santo Tomás permanecía alerta, intentando seguir el ruido de los cañones. La niebla dificultaba mucho decidir hacia dónde dirigirse.

—A proa, he visto un fogonazo —gritó Alejandro desde la cofa.

—¡A toda vela! —gritó Éric—. Tenemos que ayudarlas. Ellas solas no podrán contra ese barco. Nos hemos alejado durante la noche.

Más o menos a una milla seguía la batalla entre la Santa Teresa y los temibles piratas ingleses.

Pero algo extraño sucedía. El barco no avanzaba, aunque las velas estaban todas infladas por el viento. Algo les estaba frenando, pero no podían ver nada por culpa de la niebla.

Se empezaron a oír gritos de terror. Algo les atacaba. El barco se zarandeaba como si fuera de papel, y todos buscaban dónde agarrarse para no caer al mar.

Un tentáculo gigante apareció por la popa y arrancó el timón arrastrando a Guillem por la cubierta. Otro tentáculo rodeó a Carlos, Marc y Abel. Zien salió con un cuchillo en cada mano intentando hacer pulpo a la gallega, pero también quedó atrapado junto a Dominik, Daniel y Ciro. La cosa pintaba mal.

Estaban perdidos y seguramente morirían comidos por los tiburones.

Los que podían daban estocadas con sus espadas, pero el pulpo ni se enteraba. Parecía que todo se iba a acabar ahí mismo y no podrían ayudar a la Santa Teresa.

Otro tentáculo golpeó el palo mayor, rompiéndolo casi sin esfuerzo, y Alejandro, que estaba arriba en la cofa, no pudo sujetarse y cayó al mar.

Parecía que la Santo Tomás ya se había perdido del todo. Los tiburones se pondrían morados. Carlos miró hacia donde había caído su amigo y vio un enorme tiburón mellado y pensó: «Yo quiero que me muerda ese».

Mientras tanto, en la Santa Teresa, todas las piratas estaban luchando con uñas y dientes, pero los enemigos eran más, y más fuertes, y pronto ya no pudieron seguir luchando. Tuvieron que rendirse, les ataron las manos y los pies y las pusieron en fila para tenerlas controladas.

La niebla iba desapareciendo poco a poco y se veía el desastre que había en el barco. Barriles, aparejos, cabos y restos por todas partes.

El pirata inglés, muy orgulloso de él mismo, dijo

—¿*What´s happen*?

¿Qué pasa? ¿Por qué lloráis? Los tiburones os comerán rápido y casi ni os enteraréis. Ja, ja, ja.

Álex no pudo contenerse y le dijo —Algún día pagarás por lo que has hecho.

—Bueno, eso ya lo veremos. Aunque vosotras no lo veréis. Ja, ja, ja, ja.

Y volvió a reírse como el villano que era.

—Tú serás la primera en caer al agua, por bocazas.

La cogieron entre dos y la lanzaron al agua sin pensárselo dos veces.

Todas gritaron —¡Álex... nooo!—. Pero ya era tarde. Había muchas aletas ahí abajo.

Pensaban en lo horrible de esa muerte, llorando y pataleando, cuando de pronto apareció Álex como flotando por fuera del barco. Cada vez se elevaba más y más. ¿Cómo era posible? —pensó el pirata. No tardó en averiguarlo, porque un tentáculo enorme elevaba a Álex hacia cubierta.

Seguía atada pero viva.

Todas volvieron la vista hacia los piratas con una sonrisa en sus caras.

—¿Por qué sonreís si vais a ahogaros en cuanto os lancemos por la borda?

El inglés gritaba muy enfadado.

¿Pero, por qué sonreían?

¿Queréis saber por qué sonreían nuestras piratas?

Pues igual que Álex, pero por el otro lado, apareció una cara conocida elevándose cada vez más. Era Alejandro. Pensábamos que se había ahogado o algo peor. Pero recordad que se comunicaba con los animales.

Así que apareció montado en la cabeza del enorme pulpo. Todos los demás compañeros iban pegados a las ventosas de los tentáculos y, dirigido por Alejandro, el pulpo los acercaba a los piratas ingleses para que les dieran cachiporrazos. Entre el susto que se llevaron y la paliza que les dieron entre todos, saltaron por la borda y huyeron nadando más rápido que los tiburones.

El pulpo los dejó a todos sobre cubierta y salió también tras ellos.

Corrieron a desatar a sus amigas y todos se abrazaron durante un buen rato.

Álex le dio las gracias a Alejandro por salvarla de los tiburones y le preguntó que cómo había podido controlar al pulpo.

—Muy fácil —dijo Alejandro—, le dije que, si nos ayudaba, le diría dónde había unas presas más sabrosas y con más carne que nosotros.

Y aceptó.

Cogieron todo lo que los ingleses habían robado y algunas cosas más, pero no encontraron el cofre que la reina les había dicho.

Pusieron rumbo al puerto de Cádiz remolcando el barco inglés, y también llevaban dos prisioneros para interrogarlos. Uno de ellos les había dicho que el cofre lo vendió su capitán por una buena suma de libras esterlinas a unos franceses.

En el camino de regreso se toparon con tres barcos con la bandera del reino de Castilla, y uno de ellos se les aproximó. A bordo iba el almirante Cristóbal Colón, el cual les preguntó si necesitaban ayuda para regresar. Estaban de maniobras preparando su cuarto viaje a las Américas.

—Muchas gracias, Tófol, pero nos las arreglaremos—. Éric lo conocía bien de sus viajes por Italia. Se despidieron y se fueron cada uno a lo suyo.

Después de entrevistarse con Su Majestad la reina, decidieron que la Santo Tomás pusiera rumbo al Mediterráneo para localizar a ese francés. La capitana Valeria debía quedarse hasta que hubieran reparado el barco, ya que había sufrido muchos daños.

La tripulación de la Santa Teresa tendría una semana de vacaciones y podría ir a Sevilla a divertirse. Les gustaba mucho bailar y cantar, así que les vendría bien ese descanso.

Misión de rescate

El murciélago Marcelino había volado decenas de kilómetros desde la isla de Cerdeña hasta Mallorca para entregarle un mensaje a la reina Isabel que estaba de vacaciones. Alejandro se lo había atado a una pata y le había dado instrucciones de adónde debía llevarlo.

Acordaos de que Alejandro podía comunicarse con los animales. La reina estaba en la playa de Alcúdia cuando le entregaron el mensaje y lo leyó, enseguida mandó a buscar a la capitana Valeria y a toda su tripulación. Llegaron a los dos días, ya que el barco lo habían reparado y le habían hecho algunas modificaciones. Ahora la Santa Teresa era mucho más veloz. El mensaje no estaba nada claro, decía «dos y dos son cinco, más tres son siete y los peces tienen patas...». Pensaban que estaba escrito en clave, pero Valeria estaba preocupada por sus amigos. Sabía que algo no iba bien. Así que reunió a su tripulación y entre todas decidieron salir a buscar a La Santo Tomás y a todos sus tripulantes.

Decidieron que lo mejor sería soltar a Marcelino y seguirlo porque sabían que volvería hasta donde estaba su amigo Alejandro. Así que Álex mandó soltar amarras y zarpar mar adentro hacia una nueva aventura.

* * *

Mientras tanto, el capitán Éric y toda su tripulación permanecían prisioneros de un misterioso mago. Llevaban ya varios días en una celda oscura y húmeda del castillo. Apenas tenían comida y tampoco armas para poder escapar. No sabían muy bien qué había pasado porque el mago les había hechizado y se habían vuelto unos ignorantes.

Era como si les hubieran quitado lo que habían aprendido en primaria. El día anterior, Maikel le había dicho al cocinero Zien que hiciera pollo relleno con patatas y vieron a Zien dándole patatas al pollo vivo para que se llenara.

Por la tarde, Marc y Carlos intentaron hacer fuego con dos piedras y un poco de paja, pero como casi no había luz, le dijeron a Daniel que acercara una antorcha para alumbrar mientras ellos lo intentaban. ¿En serio? También intentaban escapar rompiendo la reja, habían visto una barra de hierro al otro lado de la reja, pero necesitaban una cuerda para alcanzarla. Danny abrió la puerta y cogió la cuerda, después volvió adentro y se la dio a Éric. El capitán lanzó la cuerda para intentar alcanzar el hierro. ¡Madre mía, pero si la puerta estaba abierta!

La verdad es que el mago los había vuelto tontos de remate.

Alejandro pudo escribir el mensaje, pero el hechizo ya había hecho de las suyas y por eso no se entendía nada.

En fin, en esas cosas pasaban el rato. Y mientras el pollo se comía las patatas, ellos intentaban morder un bocadillo de chorizo y unos *crespells* más duros que la roca de la celda.

Su única posibilidad era que sus amigas las piratas de la Santa Teresa los encontraran y los rescataran, ya que ellos no tenían ahora la inteligencia necesaria para escaparse. El mago se dedicaba a secuestrar personas y robarles sus conocimientos para hacerse el más sabio del mundo. Lo que el mago no sabía era que la sabiduría no es solo aprender cosas, sino tomar buenas decisiones y una de ellas es rodearse de buenos amigos. ¿De qué sirve saberlo todo si no tienes a nadie con quien compartirlo?

Y como buenas amigas que eran, las piratas de la Santa Teresa se dirigían a toda vela hacia el este, siguiendo al murciélago y confiando en que las llevara hasta sus amigos. La travesía no fue fácil. Primero un barco francés se les acercó y, como las piratas eran tan guapas, querían invitarlas a tortilla francesa. La capitana preguntó si alguna hablaba francés y Miriam levantó la mano. Valeria le dijo que tradujera unas palabras:

—Gracias, compañeros piratas, otro día a lo mejor, hoy tenemos prisa, pero nos gusta más la tortilla de patatas. Venga, díselo—. La verdad es que Miriam no había levantado la mano para eso, pero dijo lo que sabía en francés:

—Peugeot, Citroën, Renault, Tour Eiffel.

Los franceses no entendieron ni papa y se dieron media vuelta. Ellas prosiguieron su viaje hacia la costa de Cerdeña. Estaba a un día de travesía.

Como tuvieron buen viento, por la mañana Paula, que estaba de vigía, divisó la costa de la isla y dio el aviso.

—¡Tieeeerraaaa a la vistaaaa! —La capitana Valeria le dio las gracias a Paula y le dijo a Álex que ordenara preparar los cañones por si acaso.

A Ritaj, le mandó preparar el desayuno especial de las batallas.

El desayuno consistía en un plato de cuscús con pollo y café con leche para quitarles el sueño.

Todas las demás guerreras ya estaban afilando sus espadas con la lima de uñas y poniéndose sus pinturas de guerra. Daban más miedo que un lobo hambriento.

—Preparadas para desembarcar —gritó la capitana—. Arriaron un bote y comenzaron a remar hacia la orilla de la playa. Era muy extraño que no hubiera nadie vigilando. Desembarcaron y, tras asegurar el bote en la orilla, se dirigieron hacia el castillo que se divisaba en la colina.

Hicieron dos grupos. En uno iban la capitana junto con Alba, Emma, Triana y Marysia, y en el otro Álex, Ninnsei, Miriam y Jhulia, mientras que Paula y Ritaj se quedaron en el barco vigilando.

Había un camino que serpenteaba por la colina hacia el castillo. A ambos lados había árboles, en su mayoría pinos. Parecía un lugar perfecto para una emboscada. Se escuchaban ruidos extraños, pero no se veía a nadie. Por si acaso, las espadas estaban preparadas y brillaban cuando el sol se reflejaba en el afilado acero español.

Llevaban medio camino ascendido cuando se escucharon gritos en el grupo de Álex, que iba en la retaguardia. Valeria ordenó dar media vuelta de inmediato para ver qué pasaba. Lo que descubrieron fue algo extrañísimo. Los árboles estaban atacando a sus amigas, pero no solo eso, adoptaban forma humana; por ejemplo, había un arbusto que se parecía a Guillem y lo más extraño es que estaba bailando boleros mientras intentaba golpear con sus ramas. Otros dos árboles que se parecían a Marc y a Maikel lanzaban piedras con las raíces como si chutaran un balón. Todos los árboles y arbustos tenían un parecido con sus amigos. Cuando se recuperaron del susto, se pusieron a luchar, aunque no sabían muy bien cómo salir de ese atolladero. La capitana Valeria se puso a gritarles a sus amigas —Vamos a convertir a estas cosas en leña para que Ritaj pueda hacernos una buena cena. Ánimo, chicas, golpead y morded si es necesario porque nuestros amigos nos necesitan. Como el mago no tenía a nadie para formar un ejército, utilizaba la magia para proteger la fortaleza. Pero no le sirvió de mucho porque cuando las chicas se enfadan, hasta los árboles salen corriendo.

Pero aún faltaba la peor parte: enfrentarse al mago cara a cara.

Al fin llegaron a la puerta del castillo. Estaban cansadas y tenían hambre. Tanta leña les había hecho gastar mucha energía. Pero delante de la puerta se toparon con tres árboles enormes, no eran muy altos, pero sí tenían el tronco muy grueso. El que estaba más adelantado se parecía a Carlos, incluso parecía tener un cinturón verde alrededor del tronco. Los otros dos eran como Ciro y Dominic. La capitana Valeria se enfadó tanto que les dijo:

—Apartaos de mi camino o haré que os dé un corte de fotosíntesis.

Pero ni caso. Entonces Álex les gritó a sus compañeras:

—Sacad las combas y los elásticos—. Todas tenían algo para jugar entre saqueo y saqueo—atad sus raíces—. Enseguida comprendieron y todas corrieron hacia esos extraños árboles y les ataron las raíces para que se tropezaran. La estrategia funcionó y pudieron entrar al castillo. Pero en el patio había una planta carnívora lanzando mordiscos a diestro y siniestro. Entonces Alba y Emma se adelantaron para atacar a la planta mientras decían a la vez —Esa planta tan furiosa se parece a Mohamed. Atémosle la boca, no vaya a ser que me muerda una oreja y se coma mi pendiente—. Entre las dos consiguieron inmovilizarla y pudieron entrar a la torre.

Mientras tanto, el mago observaba todo a través de su bola de cristal y se estaba empezando a poner nervioso. Pensaba que sus defensas eran infranqueables, pero no fue así. Se dirigió a la celda con la bola en la mano, más que una bola, parecía una pelota de fútbol, y cuando Marc y Maikel vieron la pelota, se pusieron como locos, solo pensaban en chutar. Al parecer, la bola, también emitía como una energía que era la que los mantenía hechizados. En ese momento aparecieron las enfurecidas piratas dispuestas a repartir espadazos a diestro y siniestro. Pero no podían creer lo que veían. El mago era un niño. Entonces Valeria le dijo:

—Deja tu magia y libera a nuestros amigos si no quieres probar este acero de Toledo.

A lo que el niño le respondió:

—Yo no hago nada, es esta bola que tiene extraños poderes. Deja a la gente como ovejas sin voluntad. La celda está abierta.

Álex respondió:

—Entonces, ¿quién eres y qué haces aquí solo?

El niño, casi llorando de miedo, les contó que el barco donde viajaba había naufragado y sólo quedó él. Encontró la bola en ese castillo y no sabía cómo salir de la isla porque no se le ocurría ninguna idea. De repente, la bola empezó a iluminarse y una extraña lengua de luz se dirigía hacia las chicas. Atravesó todo el pasillo y todas se quedaron atontadas.

Entonces el murciélago Marcelino mordió a su amigo Alejandro, y durante unos segundos recuperó la inteligencia. El tiempo suficiente para ver lo que pasaba. Cogió un *crespell*[1] que tenía ahí al lado y lo lanzó hacia la bola como si fuera una estrella ninja. El *crespell* pasó rozando la oreja izquierda de Danny y la nariz de Dídac, se coló entre los barrotes y le dio a la bola. Estaba tan duro que la bola saltó en mil pedazos. El hechizo se desvaneció al instante. Los amigos y amigas se abrazaron y todos estaban contentos de haber salido ilesos en esta aventura. El niño desconocido se llamaba Pau, y cuando empezó a recordar de dónde era, se lo explicó a sus nuevos amigos.

Su hogar no estaba lejos y lo llevaron hasta allí. Sus padres debían de estar muy preocupados, sin saber qué le había pasado a su hijo.

Se despidieron y volvieron la proa hacia el oeste. Pero aún quedaba una pregunta que responder. La capitana Valeria se la hizo al capitán Éric:

—¿Cómo habéis llegado hasta aquí? —a lo que Éric respondió un poco rabioso:

—Unos piratas franceses nos invitaron a comer tortilla francesa y aceptamos. Pensé que a lo mejor eran ellos los que tenían el cofre que andamos buscando. Creo que le pusieron algo a la tortilla

---

[1] Pasta dulce, típica de la isla de Mallorca.

porque nos quedamos dormidos y aparecimos en la playa de esta isla. La Santo Tomás no estaba cuando despertamos, y de lo que pasó después ya no recuerdo nada. Entonces Valeria le puso una mano en el hombro y le dijo —Tranquilo, capitán, recuperaremos el barco juntos.

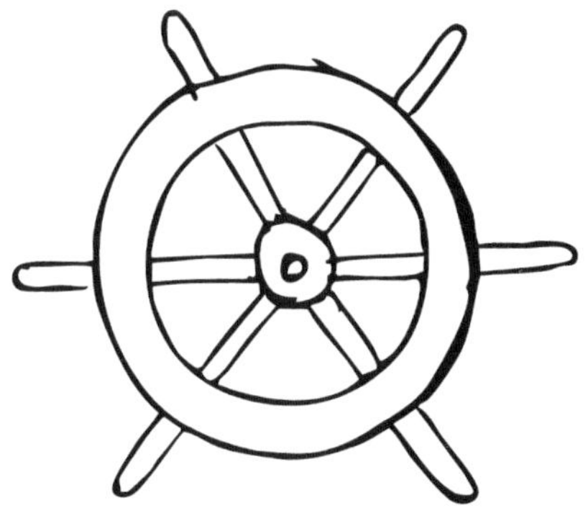

Misión en Francia

Era una noche cerrada en la que ni siquiera la luna se atrevía a iluminar el conflictivo barrio donde se encontraban el capitán Éric y la capitana Valeria. Habían viajado hasta Marsella buscando información sobre La Santo Tomás, el barco que le habían robado al capitán unos piratas franceses, y el cofre que Su Majestad quería recuperar a toda costa.

Sus investigaciones los habían llevado hasta un barrio cerca del puerto francés de esa ciudad, el cual tenían entendido que era muy peligroso. Allí vivían casi todos los peores piratas de Francia junto con ladrones, niños que decían palabrotas y hasta había algunos que no sabían sumar llevando. Les habían dicho que había una persona que podía ayudarles, y que iba cada noche a una taberna cerca del puerto donde se reunían los malos malísimos y bebían refrescos con azúcar toda la noche.

Le llamaban *el Español*, estaba sentado en un oscuro rincón, en una mesa apartada del resto. Sobre la mesa había una jarra de agua y un cuchillo, del tamaño de un brazo, que utilizaba para pelar naranjas.

El local estaba lleno de malhechores, así que Éric y Valeria se dirigieron hacia la mesa *del Español* sin llamar mucho la atención, dispuestos a interrogarle.

—Buenas noches, señor —fue Éric el que se dirigió *al Español*—. Creo que usted podría ayudarnos en un asunto y, si es así, pagaríamos bien por dicha ayuda.

El Español sonrió y dejó ver unos dientes más sucios que el culo de un mono.

—Deja que tu amiga se siente a mi lado y charlaremos un rato.

—Si quieres conservar esa sucia lengua tuya, más te valdría tener cuidado con mi amiga. Y en lo que se tarda en parpadear, Valeria ya estaba detrás *del Español* agarrándole las dos orejas. Salieron los tres de ese apestoso local y se dirigieron a la parte trasera, donde estaban esperando Álex, Alba y Emma en una esquina y Alejandro, Daniel y Carlos en la otra, cubriendo sus rostros con las capas y sombreros.

—Necesitamos que nos ayudes a encontrar nuestro barco. Nos lo robaron unos piratas franceses y creemos que están en este puerto, pero no sabemos quiénes son, y tampoco hemos visto el barco amarrado en el puerto —dijo Éric de forma muy educada, de momento.

—Por aquí pasan muchos barcos, capitán, ¿cómo voy a saber yo cuál es el suyo? —fue la respuesta *del Español* con un tono de chulería que a Valeria no le hizo ni pizca de gracia.

—Mira, bellaco —dijo Valeria muy enfadada—, por las buenas o por las malas nos vas a decir lo que queremos saber. Álex trae la pluma.

Álex salió de las sombras con una pluma de avestruz en una mano mientras que con la otra sujetaba la espada. Los tres chicos le levantaron la sucia camisa, y Álex empezó a hacerle cosquillas por los costados. La pluma era tan suave que casi se hace pipí de la risa. Cuando ya no podía más, les dijo:

—Está bien, vendieron el barco a un duque. Creo que tiene un castillo cerca del río Ródano, pero no sé nada más. Dejaron de hacerle cosquillas y lo soltaron.

—¿Y sabes por dónde se va a ese castillo? —le preguntó Valeria.

—Hay que ir río arriba, pero es complicado navegar contracorriente.

El Ródano es un río caudaloso y en esta época baja con fuerza y, además, hay muchos puentes romanos todavía, no podréis navegar con un barco grande.

Eso sí que era un inconveniente. La Santa Teresa no podría navegar río arriba sin desmontar los mástiles y habría que ponerse a remar. Se reunieron los capitanes Éric y Valeria junto con sus segundos Maikel y Álex para pensar en un buen plan.

Lo primero que decidieron fue que *El Español* debía acompañarlos para ayudarles con el idioma, aunque tuvieran que pagarle. Lo segundo fue que se dividirían en tres grupos. Uno se quedaría en el barco para que no se lo robaran también, el segundo grupo iría con caballos siguiendo el río hacia el norte, y el tercer grupo cogería un pequeño barco para remontar el río.

Mandaron a Alejandro a buscar caballos, porque él se entendía bien con los animales. Necesitaban seis monturas, ya que habían decidido que serían dos grupos de seis. Los seis que irían en barco fueron al puerto a ver cuál les gustaba más y, aprovechando la noche, llevárselo sin que los pillaran.

Al cabo de un rato apareció Alejandro con unos burros y unas mulas, y el capitán Éric se empezó a reír, y le dijo que esos caballos franceses eran un poco raros.

—Es que los caballos relinchaban en francés y no he podido hablar con ellos. Esto es lo mejor que he encontrado—. También se puso a reír y todos se contagiaron de la risa y no podían parar.

Mandaron *al Español* a comprar caballos con unas monedas de oro que le dio Valeria. Al amanecer ya estaban preparados. Armas, comida, bebida y caballos. Los jinetes eran Éric, Alejandro, Carlos, Daniel, Guillem y Mohamed.

Mientras, por el río, subían Valeria, Álex, Alba, Emma, Marysia y Miriam. Tuvieron suerte porque era un pequeño velero y el viento soplaba de sur a norte.

En la Santa Teresa se quedó el resto de las dos tripulaciones.

No podían permitirse perder ese barco también. La capitana les había dicho que estuvieran alerta y no aceptaran tortilla francesa.

La primera parada del grupo a caballo fue en un pueblecito llamado Arles, donde dejaron descansar a los animales mientras *el Español* preguntaba por ahí sobre la Santo Tomás. El dueño de la posada le dijo que no hacía mucho que había visto pasar un gran barco de tres palos y que pudieron remontar el río porque una crecida había destruido el puente.

Decidieron partir después de comer porque lo que estaban cocinando olía muy bien. El posadero les dijo que lo que estaban preparando era ratatouille. Algunos pusieron cara de asco al escuchar rata, pensando que se las comían. Les explicó la receta: berenjenas, tomates, calabacines y aceite de oliva. Todo cortado a rodajitas y colocado por capas. Se quedaron más tranquilos al saber que el guiso no contenía roedores de ningún tipo y dieron buena cuenta del plato que les puso el dueño de la posada. Después se despidieron y continuaron su viaje hacia el norte.

Mientras tanto, las chicas seguían río arriba con el pequeño barco. No pararon en Arles porque querían aprovechar el viento y, como tampoco habían visto la Santo Tomás, no tenían motivos para detenerse. Decidieron parar en el siguiente pueblo a comprar comida, descansar y tal vez se encontrasen con el resto de amigos que iban a caballo.

Estaban un poco aburridas de tanta agua y algo hambrientas, así que Valeria les dijo a Miriam y a Marysia que probaran a pescar alguna trucha.

—¿Sabéis qué le dice la trucha al trucho? —dijo Emma.

—Yo sí, que le quiere mucho, ja, ja, ja, ja —contestó Alba. Y se pusieron a reír todas a carcajadas. Tanto que hasta les dolía la barriga y no solo por el hambre.

A lo lejos ya se divisaba lo que parecía el campanario de una iglesia y algunas casas cerca del río. Decidieron que pararían a preguntar por sus amigos, aunque no sabían ni papa de francés, pero ya se las arreglarían.

Llegaron a un pequeño embarcadero y amarraron el barco. Marysia y Miriam se quedaron vigilando con una espada en cada mano y con cara de pocos amigos, aunque tenían muchos. Las demás se dirigieron hacia la iglesia donde pensaban que encontrarían a quien preguntar.

No tuvieron que buscar mucho porque vieron a un grupo de piratas junto a la iglesia y enseguida supieron que eran sus amigos. Se abrazaron como si hiciera meses que no se veían. Valeria preguntó si sabían el nombre del pueblo y le dijeron que Champiñón o algo así.

La verdad es que era Avignon, pero qué más da, ahí tampoco había señales de que estuviera el barco. *El Español* estaba conversando con unos del pueblo y, por la expresión de su cara, parecía que no había buenas noticias.

—Al parecer, el barco lo tiene el duque de Lyon y no tiene muy buena fama por aquí. Es una mala persona que roba y secuestra cuando quiere. Toda la riqueza que posee es gracias a sus esclavos.

Allí tienen tanto miedo que nadie es capaz de rebelarse—. A lo que el capitán Éric contestó:

—Pues nosotros llevaremos la revolución hasta la puerta de su casa. Liberaremos a todos los esclavos y recuperaré mi barco como sea.

Así que vamos a comer y a preparar un buen plan, porque con el estómago lleno las ideas son mejores.

Se fueron al río a reunirse con Marysia y Miriam, que ya estaban preparando el fuego para asar unas truchas que consiguieron pescar.

Luego discutieron largo y tendido hasta que lograron ponerse de acuerdo con el plan. Era sencillo dicho plan, ya que consistía en que unos fuesen por delante, otros por detrás y el resto por la izquierda y la derecha. Más fácil, imposible, o al menos eso creían porque el castillo del duque estaba bien protegido. Rodeado de murallas, torres de vigilancia, arbustos espinosos y señoras con sartenes. Estas señoras estaban muy bien entrenadas y se les daba igual de bien hacer tortillas como dar sartenazos.

Mientras tanto, en la costa de Marsella, el resto de la tripulación seguía patrullando en busca de los malvados piratas que les robaron la Santo Tomás. Navegaban de un lado a otro con la Santa

Teresa, capitaneados por Maikel, ya que se había quedado al mando. Paula vigilaba desde la cofa muy concentrada, Triana y Ninsei estaban a cargo del pesado timón y el resto permanecían preparados en los cañones. Danny, Marc, Dominic y Ciro en los de estribor y Ritaj, Jhulia, Zien y Dídac en los de babor.

Pasaron cerca de una pequeña cala y, de repente, Paula dio la voz de alarma.

—Barco a la vistaaaaa—gritó desde lo alto del palo mayor.

—¿Qué bandera lleva? —le preguntó Maikel.

—Parece una calavera con los ojos pintados y pestañas postizas —contestó Paula.

Maikel se acordaba de ese estandarte y recordó muy enfadado cómo los engañaron. Así que mandó que cargaran todos los cañones con las patatas podridas que había en la bodega. Cuando estuvieron listos, se acercaron al barco francés y soltaron la primera andanada de cañonazos. Los franceses, que no se lo esperaban, no sabían qué estaba pasando. No entendían esa lluvia de patatas malolientes. Maikel ordenó dar la vuelta para disparar los cañones del otro lado. Los piratas franceses saltaban por la borda porque no soportaban el mal olor y toda la tripulación de la Santa Teresa se desternillaba de risa mientras les señalaban con el dedo y les decían:

—¿Qué se parecen estas patatas a lo pobre? ¡Verdad que son deliciosas!

—Timonel —gritó Maikel— rumbo al Ródano, vamos a por nuestros amigos. Estos piratas no tendrán ganas de engañar a nadie durante un tiempo. Al menos hasta que se les quite la peste de la ropa.

Y todos rieron con ganas mientras dirigían el barco hacia la desembocadura del río. Ya estaban cansados de esperar a los demás y empezaban a preocuparse por sus amigos.

Alejandro había enviado una paloma con un mensaje que decía:

—Estamos a tres pueblos de distancia y nos dirigimos hacia el cuarto.

Pues, como decía el mensaje, los dos grupos se dirigían hacia Lyon, que era el cuarto pueblo desde Marsella. Consiguieron más caballos y cabalgaron todos juntos hacia el norte. Pronto recuperarían la Santo Tomás y volverían a España. Ya estaban cansados de escuchar a gente hablando como si tuvieran mocos en la garganta. Vaya idioma más raro.

Con lo fácil que es hablar bien.

El palacio del duque era una construcción imponente. Rodeado de jardines y situado muy cerca del río. Nuestros amigos se encontraban escondidos en una arboleda. Habían atado los caballos y estaban discutiendo la mejor forma de acercarse al palacio y llevarse el barco.

—Éric estaba furioso porque había visto la Santo Tomás amarrada en el embarcadero y la estaban pintando de color rosa. También le habían colgado unas telas alrededor de toda la cubierta con encajes y bordados.

—¿Pero qué le han hecho a mi barco? —El capitán estaba tan enfadado que casi tala un árbol a golpe de espada.

—No es nada que no pueda solucionarse con otra mano de pintura, capitán —le respondió Valeria poniéndole una mano sobre el hombro—. ¿Alguna sugerencia para recuperar el barco?

Alejandro dio un paso adelante y expuso su plan.

—Podríamos crear una distracción quemando el granero que hay en el lado opuesto al embarcadero y, cuando todos vayan a apagar el fuego, aprovechamos y soltamos amarras. Hay buen viento y no creo que nos den alcance.

Carlos y Daniel también dieron un paso adelante y hablaron.

—Nosotros podríamos colarnos en el interior del palacio. Creemos que tienen a todos los esclavos en la parte de atrás. Los hemos visto pasar encadenados y vigilados por un par de guardias. Imagino que vendrían de trabajar.

El Español también se acercó y dijo

—Yo iré con vosotros, llevo mucho tiempo intentando liberar a esa pobre gente y hasta ahora no he tenido la oportunidad.

—Entonces, en marcha. Alejandro, Guillem y Mohamed, id a prender fuego a ese granero. Carlos, Daniel, Marysia y Miriam, id a liberar a esa pobre gente y dirigíos al barco. No sé si cabremos todos, pero lo intentaremos. Los demás, conmigo a recuperar lo que es nuestro.

Éric seguía muy enfadado.

Al cabo de un rato se vio una gran humareda que enseguida se convirtió en un infierno de llamas. Se escuchaban voces de alarma y gritos por todas partes. La distracción había funcionado.

No fue difícil liberar a los esclavos, ya que los guardias se fueron corriendo a apagar el fuego. Mientras abrían las celdas, *el Español* les indicaba cómo llegar al barco.

—*Merci, merci* —decían todos, y movían la cabeza en señal de agradecimiento.

A lo que *el Español* les contestaba:

—*Enchante, mon cheri* —Carlos le preguntó a Daniel qué había dicho *el Español* y este le contestó:

—Creo que ha dicho «me senté y me caí», pero no me hagas mucho caso. Venga, vamos a darnos prisa antes de que se den cuenta de lo que está pasando.

Cuando los dos grupos llegaron al embarcadero, se quedaron de piedra. Sus compañeros estaban rodeados por unos veinte soldados y el que parecía ser el duque estaba hablando con el capitán Éric.

Oh, *mon amie,* ¿pensabas que sería tan fácil robarme? Unos sucios piratas españoles y encima queréis llevaros a mis esclavos. —El duque parecía muy seguro de sí mismo, ya que los tenía a todos rodeados.

El Español se adelantó unos pasos y le contestó:

—Tú eres el más sucio de todos. Te llevas a las familias más pobres a la fuerza para trabajar en tus minas a cambio de nada. Te pavoneas como si fueras mejor que todas estas pobres gentes. Todo lo que tienes es gracias a su sufrimiento y eso, se tiene que terminar.

—¿Y tú quién eres para hablarme de ese modo? Pareces más pobre que ellos —respondió el duque muy enfadado.

—Mi nombre es Juan Luis Vives y, si no es hoy, pronto pagarás cara tu arrogancia.

—Bueno, parece que no será hoy, a la vista de los acontecimientos. Creo que os añadiré a mi plantilla para trabajar en las minas. Siempre vienen bien los refuerzos.

El humo del incendio era cada vez más espeso y ya cubría parte del río. Un halcón se posó sobre el hombro de Alejandro y este asentía con la cabeza mientras el ave le gañía al oído. El halcón se fue volando tal como vino y entonces Alejandro dijo:

—Amigos y amigas, creo que es hora de echarse a dormir la siesta.

Juan Luis, dile a esa pobre gente que se tumbe en el suelo ahora mismo.

Nadie entendía lo que pasaba, pero hicieron caso y se echaron cuerpo a tierra. El duque se puso a reír a carcajadas sin dar crédito a lo que estaba viendo. De repente, se vieron unos fogonazos a través del humo que cubría el río y se escuchó un gran estruendo. Fuertes explosiones sobre la fachada del palacio hicieron que se derrumbara una gran parte de este. Por encima del humo del río apareció una bandera pirata. La Santa Teresa acababa de llegar y estaba descargando todos sus cañones contra el palacio.

Vieron a Paula sobre la cofa dirigiendo las maniobras para que el barco no chocara contra el embarcadero. Cuando el barco se detuvo, Maikel ordenó que bajaran todos con las espadas desenvainadas y les gritó:

—Vamos a quitarles hasta los calzoncillos a estos finolis, que sepan que con nosotros no se juega.

Todos los guardias franceses bajaron las armas y se rindieron. El duque les dijo que aquello no era justo, que él había comprado el barco.

—Tu balanza de la justicia me parece que está trucada, duque. Y recuerda que somos piratas y no hermanitas de la caridad. Da gracias de que no te afeitemos el bigote con un cuchillo oxidado. Toda esta gente queda libre desde hoy y todo lo que tienes se lo repartirán, ya que lo tienes gracias a su sacrificio. Juan Luis Vives, bonito nombre. Te dejo al cargo de esta misión si es que la quieres aceptar. Que se haga un reparto justo de todas las posesiones del duque. Poned a todos los guardias a repintar el barco como estaba. Zarparemos en cuanto esté terminado. ¿Y vosotros dos de qué os reís? —Marc y Dominic se estaban partiendo de risa y Marc dijo:

—Es que me estaba imaginando al duque diciendo: ¡abordar el barco!, y el barco ha quedado precioso. Ja, ja, ja, lo han bordado.

Todos se pusieron a reír a carcajadas.

—¿Qué haremos ahora? —le preguntó Valeria a Éric—. Hemos encontrado el cofre, pero no contenía ningún documento. Por lo que hemos podido averiguar, el duque ha vendido lo que había dentro porque no entendía nada. Eran unos dibujos extraños.

—Creo que iremos a piratear por Italia, que hace más solecito. Me han confirmado que los que compraron los documentos tenían acento italiano. Mira nuestros amigos, ¿de qué se estarán riendo ahora? Es que no tienen arreglo. Los dos capitanes se dirigieron hacia donde estaban sus tripulaciones festejando el éxito de la misión.

—¿Se puede saber de qué os reís tanto? —les preguntó Valeria con una media sonrisa en los labios.

Entonces Dídac se levantó y dijo:

—Pues estábamos imaginando cómo diría el duque «El perro de San Roque no tiene rabo, porque Ramón Ramírez se lo ha cortado».

Entonces Triana, Ninsei, Jhulia y Ritaj, que estaban comiendo ratatouille, tuvieron que escupir lo que tenían en la boca porque casi se atragantan de la risa. Todos rieron y pasaron la tarde de celebración. Pronto tendrían que volver a navegar en busca de esos papeles misteriosos. Ya se morían de ganas de saber por qué eran tan importantes esos documentos.

Misión en Florencia

Los dos barcos navegaban con viento de popa y a todo trapo hacia el sureste. Continuaban siguiendo la pista del cofre con los documentos que la reina les había pedido que consiguieran.

Las indagaciones del capitán Éric y la capitana Valeria, les conducían hacia Florencia.

Cuando las tripulaciones se enteraron de hacia dónde se dirigían, empezaron a relamerse pensando que se iban a poner morados de comer pasta. Zien se enfadaba porque pensaba que no les gustaba su comida y les decía:

—Yo también sé cocinar pasta —y como no le hacían caso, acababa diciendo— ¡¿Es que hablo en chino o qué?!

Tenían que localizar a un tal Leonardo. Era inventor y, al parecer, había adquirido el cofre porque quería construir el artilugio que había en esos planos.

—Si los italianos se nos adelantan y construyen ese aparato o lo que sea, los reyes se harán los despistados para no pagarnos.

El capitán se estaba desahogando con su segundo.

Mientras tanto, Alejandro, que estaba en la cofa vigilando el horizonte, había visto algo parecido a un delfín enredado en una red de pesca abandonada junto al barco. Para no despertar a su amigo Marcelino el murciélago, se puso el puñal en la boca y se lanzó de cabeza sin pensárselo dos veces. No era un delfín, tenía medio cuerpo de pez y el otro medio de mujer. «Madre mía» pensó.

Era una sirena. Había oído hablar de ellas, pero siempre había pensado que eran leyendas.

Se acercó buceando y cortó la red con el puñal, liberándola. La sirena huyó asustada y luego dio media vuelta y nadó alrededor de Alejandro.

Entonces se puso a hablarle en su lenguaje. Se llamaba Daniela, era muy guapa y tenía una voz muy bonita. Hablaba como cantando y se acercó a Alejandro para decirle algo al oído.

Alejandro se agarró a ella para que lo acercara al barco porque se había distanciado, y allí se despidieron.

Carlos y Daniel se habían asomado al escuchar ese extraño sonido, y vieron a su amigo que ya estaba subiendo por la cuerda.

—¿Qué era ese sonido, Alejandro? —Daniel era el que le había preguntado.

—Mi nueva amiga se llama Daniela.

—Y esa Daniela es una…

—Sí, es una sirena.

—Bueno, no te pongas refunfuñón. Solo preguntaba. ¿Y qué te ha dicho?

—Me ha preguntado mi nombre y luego me ha dicho que estas aguas son muy tranquilas. A veces vienen barcos buscando a los de su especie para cazarlos, pero todavía no lo han conseguido. No suelen salir cuando hay humanos a la vista por miedo.

—No entiendo por qué quieren cazarlos. Siempre hay malas personas, da igual donde estemos.

—Carlos parecía indignado con la actitud de los humanos hacia otras especies.

* * *

La Santa Teresa se aproximó a la Santo Tomás lo suficiente para que la capitana Valeria pudiera hablar con el capitán Éric.

—Capitán, hemos pensado en parar en la isla donde vive Pau, seguramente sabe hablar italiano y podría venir con nosotros para hacer de traductor.

—Me parece una buena idea. De paso podemos comprar víveres.

Estos piratas comen como leones.

Soltaron las anclas cerca de la playa y fueron a casa de Pau. Lo encontraron practicando con una espada de madera y cuando los vio se alegró mucho.

Fue corriendo a abrazarlos.

Los padres les invitaron a merendar y, aunque eran muchos, se las arreglaron para que no faltara de nada.

Le explicaron a Pau su misión y aceptó unirse a ellos. Sería un viaje corto y sin peligros.

* * *

Llegaron a la península itálica sin problemas. Desembarcaron en el puerto. En los barcos se quedaron vigilando Triana, Ninsei y Jhulia en la Santa Teresa, y Dominic, Mohamed y Zien en la Santo Tomás. Los demás se quitaron la ropa de pirata y se vistieron de mercaderes para pasar desapercibidos.

Alejandro y Álex, fueron a buscar carros y caballos mientras que Pau se dedicaba a buscar información. Tenían que dirigirse hacia una ciudad llamada Pisa.

Compraron barriles con manzanas, sacos con pan y cosas dulces para llenar los carros y así parecer comerciantes en lugar de temibles piratas.

Llegaron pronto a Pisa y buscaron una posada donde pasar la noche.

No fue fácil porque eran muchos, pero encontraron una donde sí cabían todos. Estaba al lado de una torre muy alta. Al parecer era muy famosa por esos lugares.

Cenaron pasta y se fueron a dormir. Éric mandó a Dídac y a Daniel hacer la primera guardia en los carros. Les relevarían Alba y Emma pasadas dos horas.

Durante la guardia de las gemelas ocurrió algo inesperado. Los caballos empezaron a ponerse nerviosos y Alba le dijo a Emma que avisara a la capitana, que algo no iba bien. Mientras tanto, Alba empezó a registrar los establos con un garrote en cada mano. No parecía que hubiera nadie, pero los caballos seguían intranquilos. De repente se escuchó un estornudo y un moco le pasó rozando. En seguida se puso en alerta y, mientras avanzaba hacia el lugar de donde provenía ese proyectil, escuchó unas voces. Levantó la tela que cubría las provisiones y descubrió a dos chicos escondidos. Estaban muy sucios y con las ropas muy deterioradas. Se asustaron y saltaron del carro con la intención de huir, pero se toparon con las dos tripulaciones casi al completo.

—¿Queréis robarnos? —preguntó Valeria. Tenía cara de enfadada.

—No, señora. Solo queríamos un sitio para dormir —contestó uno de ellos.

—Sois españoles, por lo que veo. ¿No tenéis casa ni familia?

—No. Hundieron el barco en el que viajábamos y nos hicieron prisioneros hace cosa de un mes. Hemos conseguido escaparnos, pero creo que nos buscan y no tenemos a dónde ir.

—Venid con nosotros, si queréis. Daos un baño y comed algo, después nos marcharemos. ¿Cómo os llamáis?

—Yo, Héctor, y él, Artai. Somos hermanos.

Comieron como leones, y se unieron a la caravana de piratas disfrazados.

Valeria reunió a su tripulación, pero faltaban Miriam, Paula y Maryshia.

Estaban jugando detrás de la torre al *pilla, pilla.*

De pronto escucharon un ruido extraño que provenía de la torre. Todos miraron en esa dirección y se quedaron boquiabiertos. La torre se estaba moviendo, parecía que se iba a caer. Se inclinó hacia un lado y se paró. El capitán Éric se acercó a Valeria y le dijo: —Madre mía, ¿qué habrán hecho estas ahora? Será mejor que nos vayamos antes de que nos encarcelen a todos.

Las chicas dijeron que ellas no habían tocado la torre para nada. Seguramente habría sido cosa de los topos que excavan túneles por todo y habrían debilitado el terreno. No se quedaron a comprobarlo y se marcharon.

Partieron en dirección a Florencia, Firenze, como la llamaban los italianos.

El capitán Éric se acercó a Pau y le preguntó

—¿Conoce a ese Leonardo Di Caprio?

—Es Da Vinci, capitán.

—Como se llame.

—No lo conozco, pero se habla mucho de él. Es un inventor y un artista muy reconocido.

—Imagino que será fácil encontrarlo entonces. Hay que darse prisa, no me gusta estar demasiado tiempo en tierra.

Los carros y los caballos iban a buen ritmo, porque las calzadas romanas estaban en buen estado. El paisaje era parecido al de España. Había olivos, pinos y viñedos por todas partes, y se sentían como en casa. Empezaron a cantar las chicas y enseguida les acompañaron los chicos.

Somos temibles piratas
y comemos tortilla de patatas,
somos temibles piratas
y tendrás problemas si nos atas.

Nos gusta mucho la libertad
Y más si es con una buena amistad.
surcar los mares es nuestra vida,
así que, no me digas:
que ser pirata es una lata.

* * *

No tardaron mucho en llegar a la ciudad, y tardaron menos en encontrar al inventor italiano, ya que era muy conocido.

Valeria y Éric junto con Pau se dirigieron al taller del artista, mientras los demás fueron a recorrer la ciudad. Todos iban con la boca abierta porque había cosas muy bonitas por todas partes.

—*Buongiorno professore, i miei amici vogliono parlare con te.*[2]

Pau hablaba muy bien el italiano, al parecer.

—Buenos días, sois españoles, por lo que veo. Entiendo vuestro idioma y también lo hablo. ¿De qué queréis que hablemos?

—Me llamo Éric y mi amiga se llama Valeria. Verá usted, maestro, nos envía su majestad la reina

[2] Buenos días profesor, mis amigos quieren hablar con usted.

para recuperar unos papeles que fueron robados de uno de sus barcos. Al parecer son unos dibujos de un artefacto que facilitaría la navegación.

De pronto apareció un perrito ladrando y creyéndose más grande de lo que era.

—Aquiles, deja en paz a nuestros invitados—. El perrito se sentó sobre las patas traseras y se quedó calladito—. Pues esos planos sí que los tengo yo y son muy interesantes. De hecho, ya he fabricado esas piezas y están listas para ser probadas en un barco. El problema es que no tengo barco.

—Don Leonardo, tenemos solución para ese problema. Mejor dicho, tenemos dos soluciones. Hay dos barcos esperándonos en la costa.

Esta vez fue Valeria la que se dirigió al maestro inventor.

—Pues a qué esperamos, todo sea por el progreso. Solo os cobraré por los materiales y el trabajo de construirlos e instalarlos. Los planos os los devuelvo y espero que se empleen para buenos fines.

* * *

Volvieron a la costa cargando con los carros del maestro Leonardo. Todos estaban intrigados porque no sabían qué había en esos carros.

Iban cubiertos con unas lonas.

Miriam, Paula y Marysia estaban jugando con el perrito en la arena y Carlos se acercó y preguntó el nombre del perro. —Aquiles —contestaron las chicas.

Carlos se quedó pensativo. —Se llama como la parte de atrás del pie.

Vaya nombre para un perro.

El maestro Leonardo lo escuchó y se echó a reír a carcajadas, —Aquiles era un guerrero de la Grecia antigua. Se decía que era medio dios y medio humano y que solo tenía un punto débil, el talón. Ahí fue donde le alcanzó una flecha y murió. Por eso se llama talón de Aquiles.

—Ah, vale, ahora lo entiendo. Pero a un perrito tan pequeño yo le habría puesto *Meñique*. —Todos se pusieron a reír por la ocurrencia de Carlos.

Y como no podía ser de otra manera, siempre hay alguien que quiere lo que no le pertenece. Aparecieron unos veinte jinetes armados y peligrosos. Alejandro dio la voz de alarma y todos se pusieron en alerta.

Los timones ya estaban instalados en los barcos. Eran unas ruedas grandes provistas de unos palos dispuestos alrededor de la circunferencia.

El maestro Leonardo les había explicado el funcionamiento a los capitanes y a los timoneles. Guillem, Miriam y Marysia se lo aprendieron bien.

—Recordad que ahora el barco girará hacia donde giréis el timón —les dijo—. Yo me marcho antes de que lleguen los soldados. Vamos, Aquiles.

—Adiós, maestro, y gracias por todo—. Éric y Valeria se despidieron y se pusieron a dar órdenes con toda prisa. Dejaron a Leonardo da Vincien la orilla y volvieron a sus barcos. Las tripulaciones ya habían desplegado las velas y elevaron anclas en cuanto sus capitanes estuvieron a bordo.

Los soldados se quedaron en la orilla mirando cómo las dos carabelas ponían rumbo al oeste.

Todo había sido demasiado fácil esta vez y la capitana Valeria estaba intranquila mirando a babor y a estribor porque no se fiaba.

Y estaba en lo cierto. Dos grandes barcos se acercaban por el sur y no traían buenas intenciones. En sus costados podían verse las bocas de los cañones preparados para la batalla.

—A vuestros puestos —gritó Éric a todo pulmón—. Maikel, que todos se preparen, quiero esos cañones bien alimentados, pronto van a tener que hacer su trabajo.

Paula estaba en su puesto de vigía y comunicaba los movimientos del enemigo a Álex para que ella se los transmitiera a la capitana. Valeria estaba ocupada pensando en una estrategia para librarse de esos italianos pesados.

Todas estaban ya peinadas y maquilladas para la batalla. Antes muerta que sencilla, solían decir las chicas piratas.

Los chicos también se habían peinado con el pelo hacia delante para dar más miedo y se habían pintado bigotes y barbas para parecer más piratas.

Izaron las banderas con sus calaveras y sus huesos cruzados.

Navegaban en paralelo y a escasos metros. Éric y Valeria se miraron y asintieron con la cabeza. Ya tenían claro lo que debían hacer para librarse de esos bribones.

—Timonel, todo a babor—. Las dos carabelas viraron con mucha facilidad, casi en redondo y muy rápido, gracias a los nuevos timones, y se pusieron de frente a los barcos enemigos. Iban a toda velocidad. Los italianos empezaron a reírse porque sus barcos eran más grandes y robustos. Las carabelas no aguantarían la embestida y se hundirían.

Ya estaban a pocos metros, pronto chocarían de frente. Éric le gritó a Alejandro, que estaba en la cofa —ahora, Alejandro—. Este empezó a emitir unos extraños sonidos, algo parecido a nino, nino, nino.

Estaba llamando a Daniela, su amiga. Apareció por un costado de la Santo Tomás, y no lo hizo sola. Decenas de sirenas nadaban junto a ella. Alejandro le hizo una señal y se dirigieron a toda velocidad hacia los barcos italianos. Cuando estuvieron a su altura, empezaron a emitir sus sonidos, pero esta vez eran ensordecedores, muy agudos para el oído humano. Todos se taparon las orejas con las manos y dejaron lo que estaban haciendo. Las velas se aflojaron y los timones iban sin timoneles. Casi chocan entre ellos. Entonces la Santo Tomás y la Santa Teresa viraron cada uno hacia un lado y, cuando pasaron al lado de los barcos enemigos, soltaron una andanada de cañonazos.

Apuntaron a sus mástiles porque no querían que nadie resultara herido, y dejaron los barcos sin capacidad para navegar. La estrategia había funcionado.

Los italianos se quedaron medio atontados. Todavía no daban crédito a lo que había ocurrido. Ese extraño sonido parecía provenir del mismo infierno.

* * *

Cuando ya estaban a un par de millas de distancia, las sirenas se sumergieron y saltaron sobre la superficie del agua haciendo acrobacias en el aire. Era como una señal de agradecimiento por haber rescatado a su amiga.

Cuando se da algo de forma desinteresada, te es devuelto multiplicado.

Alejandro se despidió de Daniela muy agradecido por su ayuda y volvió a su puesto de vigía en la cofa de la Santo Tomás. Las dos carabelas navegaban rumbo oeste, hacia el archipiélago balear.

Antes harían una pequeña parada para dejar a Pau en su casa, y luego continuarían el viaje. Ya tenían lo que habían ido a buscar, no solo eso, los dos barcos tenían instalados los nuevos timones y funcionaban a la perfección.

Todos estaban contentos, mirando hacia el horizonte, sintiendo la brisa marina en sus rostros. Era la mejor sensación que se podía experimentar en la vida. Un sentimiento de libertad absoluta, sin ataduras y haciendo lo que más les gustaba: ayudar a otras personas.

* * *

Los capitanes se reunieron con Su Majestad la reina, le dieron los documentos y recibieron las monedas de oro que les habían prometido.

Volvieron al puerto para repartir el oro con las tripulaciones. Zien y Ritaj estaban preparando una comilona, mientras los demás estaban cantando y bailando. Estaban contentos del éxito de la misión y con el oro que habían ganado se irían una temporada de vacaciones con sus familias.

Álex y Maikel se acercaron a sus capitanes y les preguntaron por su siguiente misión. A lo que ellos respondieron:

—Pues la reina nos ha pedido ir al nuevo mundo, al parecer el almirante Cristóbal Colón debía haber vuelto de las Américas y está un poco preocupada. Le hemos dicho que lo pensaríamos, porque es un viaje peligroso y antes hay que hablar con las tripulaciones.

Pero eso tal vez sea otra historia.

Fin.

Agradecimientos

A mi mujer, por su confianza.
A mis compañeras de trabajo, por animarme.
A las profesoras de mi hijo Alejandro. En especial, a la profesora Ana Gutiérrez, por prender la mecha.
A mis hijos, porque son «la caña».
A Cristian Recio y Andrea Del Valle, por su inestimable ayuda.
Y a mi editor, Andrés Cárdenas, por sus consejos.

Este libro ha sido editado con mimo y magia
en los talleres de Rapitbook,
donde los relojes corren hacia atrás
y el Conejo Blanco cuida los autores.

Tu opinión da vida a los libros.

Cuéntanos qué te ha parecido este libro en

www.rapitbook.com